Wenn ich euch nicht hätte

Bibliographische Informationen der Deutschen Nationalbibliothek:
Die Deutsche Nationalbibliothek verzeichnet diese Publikation in der Deutschen Nationalbibliographie; detaillierte bibliographische Angaben sind im Internet über http://dnb.d-nb.de abrufbar.

ISBN 978-3-86917-075-6

Im Alten Rathaus/Hauptstr. 37
D 79427 Eschbach/Markgräflerland

www.verlag-am-eschbach.de

Umschlagmotiv: © fotosearch.com.

Gestaltung und Schriftvorlagen: Ulli Wunsch, Wehr
Satz und Repro: Schwabenverlag Media der Schwabenverlag AG, Ostfildern-Ruit
Herstellung: Druckwerke Reichenbach, Reichenbach/Vgtld.

Manufakt
Dieser Baum steht für klimaneutrale Produktion, umweltschonende Ressourcenverwendung, individuelle Handarbeit und sorgfältige Herstellung.

Wenn ich euch nicht hätte

Wünsche und Gedanken für meine Liebsten

ausgewählt und zusammengestellt von Kathrin Clausing

Wenn ich euch nicht hätte

Ein neuer Anfang

Schwangerschaft, Geburt und Taufe

KINDERSEGEN 1

Alles sollst du sagen können
alles sollst du fragen können
lernen spielen tanzen singen
lachen malen Kästchen springen
sollst in Menschenaugen sehen
die dich lieben warm und sicher
sollst an Händen die dich halten
deine ersten Schritte gehen
alles soll lebendig werden
was an Gaben in dir schlummert
sollst am Abend satt und müde
geborgen sein im Ruhedunkel
schlafen träumen Pläne schmieden
dich freuen auf den neuen Tag

Carola Moosbach

DEIN NAME

Passt er dir gleich wie angegossen,
oder wirst du erst hineinwachsen
in seinen Klang, seinen Sinn?

Niemand kann das voraussehen.
Jeder Name ist ein Geschenk
und darin auch ein Wagnis.

Hoffentlich macht er dir Spaß,
und du drehst dich gerne um,
wenn jemand dich ruft.

Möge es in jeder Lebensphase Menschen geben,
die deinen Namen liebevoll aussprechen
und dich damit meinen, nur dich.

Vielleicht wird dir einmal alles genommen,
aber dein Name bleibt. Gott selbst
schreibt ihn ins Buch des Lebens.

Oliver Kohler

Möge diesem Kind
auf allen Wegen seines Lebens
ein Engel zur Seite stehen,
um es zu behüten
und vor Gewalt,
und jeglichen Verkrümmungen
seiner Seele zu bewahren.

Möge es aufwachsen
in vertrauensvoller Wärme.
Mögen ihm Menschen entgegenkommen,
die den Impulsen seines Herzens
mit Verständnis begegnen
und seine Schritte auf den Weg
des Friedens lenken.

Christa Spilling-Nöker

DIE SIEBEN GABEN

Wenn ich dir was wünschen dürfte,
mein liebes Kind,
wünsch ich dir die sieben Gaben,
die nicht leicht zu haben sind.

Die Geduld der Weinbergschnecke,
ruhig zieht sie ihre Bahn
und kommt unbemerkt von allen
still bei ihrem Ziele an.

Und den Stolz von meiner Katze,
kein Befehl bricht ihren Sinn.
Sie streicht nur um meine Füße,
wenn ich sanft zu ihr bin.

Wenn ich dir was wünschen dürfte,
mein liebes Kind,
wünsch ich dir die sieben Gaben
die nicht leicht zu haben sind.

Die Balance des Stehaufmännchens.
Es schwankt etwas hin und her,
wenn man es zu Boden drückte
und steht dann wie vorher.

Und die Frechheit eines Flohes,
der die großen Tiere dreist

dort, wo sie am meisten stinken,
nicht hineinkriecht, sondern beißt.

Wenn ich dir was wünschen dürfte,
mein liebes Kind,
wünsch ich dir die sieben Gaben
die nicht leicht zu haben sind.

Das Geheimnis eines Steines,
außen grau und unscheinbar,
weiß er doch in seinem Innern
einen Kristall, sternenklar.

Und den Traum des Samenkornes,
das sich in die Erde legt,
das die Blätter und Blüten,
Baum und Frucht in sich trägt.

Wenn ich dir was wünschen dürfte,
mein liebes Kind,
wünsch ich dir die sieben Gaben
die nicht leicht zu haben sind.

Und zuletzt den Mut der Rose,
die noch einmal rot erblüht,
wenn schon Rauhreif und Neuschnee
jedes Feld überzieht.

Gerhard Schöne

SEGEN ÜBER EIN NEUGEBORENES KIND

Ich taufe deine Stirn
mit heiligem Wasser,
mit drei Tropfen netze ich sie
im Namen des dreieinigen Gottes.

Die Kraft des Windes sei mit dir,
die Kraft des Mondes,
die Kraft der Sonne.

Die Güte des Meeres,
die Güte der Erde,
die Güte des Himmels.

Die Liebe der Menschen umgebe dich,
ihre Freundlichkeit,
und nie ein Streit.

Mögest du einst ruhen
wie in weichen Kissen,
in den Händen deines Erlösers.

Jörg Zink nach einer irischen Überlieferung

Schritte ins Leben

Für Konfirmation, Firmung und andere Übergänge

SEGEN FÜR DEN SOHN, DER ERWACHSEN WIRD

Du atmest die Luft zum Leben
in Deinem Freundeskreis.
Du offenbarst Deine innersten Beweggründe
Deiner Geliebten.
Du suchst Deinen Berufsweg
im Dickicht der Angebote.
Du erlebst Abenteuer.
Du träumst vom Reisen.
Du trauerst und holst Trost in der Musik.

Gott segne Dich,
er schaue Deinen Wegen
groß und gelassen zu!

Hanna Strack

GRATWANDERUNG

Über dir
der Himmel
zum Greifen nah
Unter dir
der Abgrund
dunkel und tief

Wirst du
den Gipfel
erklimmen
ohne zu fallen
und deine Flügel
zu brechen

Ich will dich
loslassen
geliebtes Kind
und hingeben
an des Lebens
weiten Raum

ohne Furcht

deinem Engel
vertrauend
der weise
deine Schritte
lenkt

Lilly Ronchetti

Du sagst heute „Ja“ zu Gott.
Mit allem Zweifel, den Du hast.
Mit allen Fragen, die Du stellst.

Und Gott sagt vorbehaltlos „Ja“ zu Dir.
Zu Deinen Stärken und zu Deinen Schwächen.
Zu Dir als einmaligem Menschen.

Ich wünsche Dir,
dass Du auch „Ja“ zu Dir sagen kannst,
dass Du in Dir die Fähigkeiten entdeckst,
die Dir geschenkt sind,
dass Du Dir zutraust,
die Aufgaben, die sich Dir stellen,
in Angriff zu nehmen,
dass Du mutig Deinen Lebensweg gehst
auch wenn er nicht immer gerade verläuft,
dass Du Dich immer getragen fühlst
von dem Vertrauen,
dass da Einer ist,
der Dich begleitet
und Dich niemals fallen lässt.

Angelika Büchelin

WUNSCHLISTE

Sollst dein Leben
nicht in eine vorgegebene Form pressen lassen,
sondern es pflegen und gestalten.
Sollst nicht anfällig werden für den Druck,
konform sein zu müssen,
dich nicht verbiegen lassen
von den Moden und Maschen der Zeit.
Sollst unnötige Zwänge abschütteln können
und gesunden Humor entwickeln.
Sollst mit deinen Händen und Füßen,
deinem Kopf und deinem Herz,
deiner Seele und deinem Geist,
deinen Vorstellungen und Hoffnungen,
deiner Fantasie und deinem Willen,
deinen Visionen und deinen Träumen
dein Leben leben, von innen nach außen,
es zu einem Lied oder
vielleicht zu einem Gedicht werden lassen
– oder zu etwas ganz anderem.
Sollst deinen eigenen Weg gehen,
allzeit gesegnet und froh.
Ein wahrer Lebenskünstler sollst du sein,
ja, das wünsche ich dir.

Angelika Wolff

DER SCHRITT HINAUS

Verlass das Haus
viel zu eng
schmiegt sich
Zimmer an Zimmer

geschmückte Vorstellung
verzierte Wünsche
getäfelter Stolz

befreiender
Türschritt
hinaus

in Klarglasweite
unbebautes Land
Zeitenraum

ich bin mehr
als dünnverwebtes
Fassadenkleid

mein Sehnen
belächelt
dein Maß

viel zu weite
Fühlarme
wollen

ALLES

Ute Sunke

SEGEN FÜR ERWACHSEN WERDENDE KINDER

Mögest du gesegnet sein
mit der Freiheit,
alles zu lassen,
was dich gegen deinen Willen fesseln will,
dich an das zu binden,
wozu dein Herz dich ruft,
und jeden Tag aufs Neue
Himmel und Erde zu verbinden.

Möge es jeden Tag etwas geben,
wofür dein Herz schlägt,
wobei du dich lebendig fühlst
und was du lieben kannst.

Mögest du immer dann,
wenn in deinem Leben
etwas schief zu laufen
oder gar alles zu zerbrechen scheint
den Mut haben,
neu zu beginnen
und die Erfahrung machen,
dass bisweilen
die vernarbte Wunde
kostbarer ist
als die heile Haut

Katja Süß

WEGSEGEN

Gott segne deinen weg
die sicheren und die tastenden schritte
die einsamen und die begleiteten
die großen und die kleinen

gott segne dich auf deinem weg
mit atem über die nächste biegung hinaus
mit unermüdlicher hoffnung
die vom ziel singt, das sie nicht sieht
mit dem mut, stehenzubleiben
und der kraft, weiterzugehen

gottes segen umhülle dich auf deinem weg
wie ein bergendes zelt
gottes segen nähre dich auf deinem weg
wie das brot und der wein
gottes segen leuchte dir auf deinem weg
wie das feuer in der nacht

geh im segen
und gesegnet bist du segen
wirst du segen
bist ein segen
wohin dich der weg auch führt

Katja Süß

Den Weg gemeinsam gehen

Für Ehe und Partnerschaft

HOCHZEITSSEGEN

es segne euch
der lebendige und gute gott
er lasse euer beider leben
zu EINEM zusammenwachsen

seid gesegnet in euren kindern
und die liebe
die ihr ihnen erweist
möge hundert- und tausendfach
auf euch zurückkommen

wahrer friede
sei das fundament
eures hauses
treue freunde
mögen euch
in freude und leid
zur seite stehen

und ihre sympathie
gehe neben euch her
als schutzengel

wer in not ist
finde bei euch
rat trost und hilfe
und so
komme segen über euch

die sorge soll euch nicht
im übermaß quälen
eure arbeit nehme nicht
überhand
und das ergebnis eurer arbeit
soll euch erfreuen
und lange erhalten bleiben

das vergängliche
verführe euch nicht
denkt vielmehr an die dinge
die im wechselnden vielerlei
der welt und eures lebens
unvergänglichen wert
behalten

der lebendige gott
erhalte eure liebe lebendig
und phantasievoll
bis ins hohe alter
und ob euer leben kurz oder lang
gott möge
euer unvollendetes leben
zur vollendung führen

habt keine angst vor dem tod
und keine angst vor dem leben
gott ist euch treu
und er wird alles zum guten lenken
und was er verheißen hat
das wird er euch über alles hoffen
und begreifen hinaus
auch geben
durch christus unsern herrn

amen!

Wilhelm Willms

SEGEN

Verliert euer Ziel nicht aus den Augen und nicht die Nerven,
wenn manches anders wird, als ihr euch vorgestellt habt.
Verlasst die Gleise der Gewöhnung
und verlasst euch aufeinander.
Lernt zuzuhören und begreifen,
dass auch die Liebe Jahreszeiten kennt.
Euer Heim sei ein Ort, wo die laute Welt zur Ruhe kommt.
Arbeit sei euch gegeben,
aber lasst euch durch sie nicht auffressen.
Das Brot soll euch nie ausgehen und nicht die Lust.
Wenn ihr traurig sei, trocknet euch gegenseitig die Tränen,
und dann lacht, bis sie wieder kommen.
Gott schenke euch in der Wüste genügend Wasser,
im Regen einen Schirm und am Abend ein warmes Bett.
Gott gebe euch Kraft, den anderen leben zu lassen,
euch nach dem Streit wieder die Hand zu reichen
und mit dem Essen aufeinander zu warten.
Möget ihr Freunde finden und zu euch selbst.
Traut euch, die ihr getraut seid, einander zu vertrauen.
Gott lasse euch ein leibhaftiger Segen sein
dass ihr im anderen seine Gegenwart auf Erden spüren könnt.

Georg Schwikart

HOCHZEITSSEGEN

Gott segne Euch
mit seiner Liebe,
dass ihr einen Grund habt,
auf dem ihr gehen könnt.

Gott segne Euch
mit der Liebe zu allem Lebendigen,
dass Menschen, Tiere und Pflanzen um Euch
Luft zum Atmen haben.

Gott segne Euch
mit der Liebe zueinander
dass ihr das Haus Eurer Heimat
lebensfroh gestalten könnt.

Hanna Strack

SEGEN ZUM EHEJUBILÄUM

Gott segne und behüte eure Ehe,
dass noch viel Ernte werde
aus dem, was ihr gemeinsam gesät habt,
und dass ihr immer wieder wagt,
Neues miteinander zu beginnen.

Gott segne euch,
dass ihr einander weiter zum Segen werden
und von diesem Segen mit vollen Händen
an andere weiterschenken könnt.

Hanne Köhler

Der Segen Gottes ruhe
auf eurem Haus,
auf eurer Familie,

dass ihr
in Frieden,
in großem gegenseitigen Vertrauen,
in umfassender Liebe
zusammensteht,

und eure Festtage erblühen
in Hoffnung,
Frohsinn und Glück

Christel Anders

LÖWENZAHNOPTIMISMUS

Ich wünsche dir
den Optimismus des
Löwenzahns
der auch dort noch Landeplätze findet
wo andere sich nur
kopfschüttelnd abwenden

Mit sanftem Draufgängermut
nutzt er eine jede Gelegenheit
neues Land zu erobern
wo er sein Leben entfalten kann

Lass dich nicht begrenzen
von deinen kleinmütigen Gedanken
und der Angst vor dem Ungewissen!
Habe Mut und sei voller Zuversicht

Gerhard Heilmann

ICH WÜNSCHE DIR

Ich wünsche dir Augen, die die kleinen Dinge des Alltags
wahrnehmen und ins rechte Licht rücken.
Ich wünsche dir Ohren, die die Schwingungen und
Untertöne im Gespräch mit anderen aufnehmen.
Ich wünsche dir Hände, die nicht lange überlegen,
ob sie helfen und gut sein sollen.
Ich wünsche dir zur rechten Zeit das richtige Wort.
Ich wünsche dir ein liebendes Herz,
von dem du dich leiten lässt.

Ich wünsche dir: Freude, Liebe, Glück, Zuversicht,
Gelassenheit, Demut.
Ich wünsche dir Güte – Eigenschaften, die dich das
werden lassen, was du bist und immer wieder werden willst –
jeden Tag ein wenig mehr.

Ich wünsche dir genügend Erholung und ausreichend Schlaf,
Arbeit, die Freude macht, Menschen, die dich mögen
und dich bejahen und dir Mut machen;
Menschen, die dich bestätigen, aber auch Menschen,
die dich anregen, die dir Vorbild sein können,
die dir weiterhelfen,
wenn du traurig, müde und erschöpft bist.
Ich wünsche dir viele gute Gedanken und ein Herz,
das überströmt in Freude und diese Freude weiterschenkt ...

Adalbert Ludwig Balling

ALLERLEI WÜNSCHE

Ich wünsch dir bunt karierte Träume,
in denen du wer weiß was kannst
und hohe, gut verzweigte Bäume,
wo du die Hängematte spannst.
Ich wünsch dir leichte Wolkenfüße,
mit denen du gern tanzen magst,
dies ab und zu auch aus der Reihe
und dass du gern die Wahrheit sagst.
Ich wünsch dir Gelassenheit, Freude am Stück,
Humor, Wärme, Tiefsinn, Frieden und Glück.
Dass du vertrauen kannst und nicht verzagst
und dass du mutig zu glauben wagst.
In guter, wie in schlechter Zeit
wünsch ich dir Sinn für Bescheidenheit
und für jede kommende Lebenslage
recht viele leuchtende, helle Tage.
Mögest du dir und anderen glücken,
dich nicht nur gern strecken,
sondern auch bücken.
Du mögest bewahrt sein, in Liebe geborgen:
Einer ist da, der will für dich sorgen!

Angelika Wolff

LEBENSGEFÜHL

Wo immer der Strom des Lebens dich hingetragen hat,
ich wünsche dir Lebensfreude.

Wo immer du dich auf dem Lebensweg aufhältst,
ich wünsche dir Lebensmut.

Wo immer du dein „Lebenshaus“ eingerichtet hast,
ich wünsche dir Lebensraum.

Wo immer du deine „Lebensstelle“ hast,
ich wünsche dir Lebenskraft.

Wo immer dein Lebensbaum steht,
ich wünsche dir Lebensglück.

Wo immer du deine Feste feierst,
ich wünsche dir Lebenslust.

Träume deinen Lebenstraum,
sei ein Lebenskünstler
voller Lebenstüchtigkeit,
fülle deine Tage mit Lebendigkeit:
Es ist deine Lebenszeit.

Guido Köppel

SEGEN FÜR EINEN RUNDEN GEBURTSTAG

Gesegnet dir
Die Fülle deiner Jahre

Die Spuren,
an Leib und Seele
die sie hinterließen

Der Reichtum
an Erfahrung,
den sie brachten

Die Güte
für alles Lebendige,
die sie lehrten

Der Schatz
aus dem du
schöpfst
und uns
beschenkst

Katja Süß

Nicht immer
rollt sich dein Weg vor dir aus wie ein roter Teppich.
Nicht immer
ist der Tag voller Blumen und Musik.
Nicht immer
lacht die Welt dich offen an.
Nicht immer ...
aber heute!

Frank Hartmann

GEBURTSTAGSGEDANKEN

Wie viele Jahre –
Wirklich schon so viele?

Je dreihundert Tage,
sechzig und noch fünf dazu,
und jeder Tag mit vierundzwanzig Stunden –
jede einzig, jede neu.

Und immer schlägt mein Herz.
Wir können nichts dafür, wir nehmen hin,
und tragen uns in übervollen Händen,
als hätten wir uns selber zum Geschenk.

Mit unserm Fleisch und Blut,
mit allem, was das Leben möglich macht,
noch viele Jahre oder ein paar Tage,
niemand weiß, wie lang.

Nur diesen Dank in uns, das Staunen
über Kopf und Hand und Fuß –
wie wunderbar sind wir gestaltet worden,
nicht zu fassen, dass wir stündlich werden,
was wir täglich sind.

Vreni Merz

Die Zukunft ist ein weites Land

Für Abschied, Aufbruch und Neuanfang

Du Gott der Anfänge, segne uns,
wenn wir deinen Ruf hören,
wenn deine Stimme uns lockt
zu Aufbruch und Neubeginn.

Du Gott der Anfänge, behüte uns,
wenn wir loslassen
und Abschied nehmen.

Du Gott der Anfänge,
lass dein Gesicht leuchten über uns,
wenn wir in Vertrauen und Zuversicht
einen neuen Schritt wagen.

Aus dem alten Irland

VOM FLIEGENLERNEN

Jeder unserer Schritte
beginnt mit einem Entschluss
mutig und unüberlegt

sorglos
als könnten wir fliegen
lernen wir loszulassen
gehen ein Stück durch die Luft

Wir heben den Fuß und schweben
besiegen die Schwere, die Trägheit
erst wenn wir aus dem Gleichgewicht sind
geht es vorwärts, kommen wir weiter
wachsen über uns selbst hinaus

Kaum kennen wir die Gefahr
fallen wir, Sicherheit suchend
zu Boden

Was uns hält, macht uns träge
bezwingt und belehrt uns
stehen bleiben ist Stillstand

Nur wer Schwung holt
zu schweben bereit ist
lernt fliegen

Nur wer fortgeht
kann wiederkommen

Bernd Kebelmann

ABSCHIEDSEGEN FÜR EINE FREUNDIN – FÜR EINEN FREUND

Liebe Freundin und Schwester,
lieber Freund und Bruder
Gott unser Herr über Anfang und Ende
gestern heute und morgen
möge dir auf deiner großen Reise in die
Zukunft stets nahe sein
so sehr wir dich vermissen werden
genau so wissen wir aber auch
dass in den neuen Gegenden Gottes
in denen du nun leben und arbeiten wirst
deine Güte dein Humor und deine
Sprache willkommen sein wird
Möge der Herr Krankheit und Gewalt von
dir fern halten
deine Gabe Feinde in Freunde zu
verwandeln weiterhin segnen
und dich in deiner Sanftmut bestärken
Möge er uns noch oft an deine
Freundlichkeit
und deine Geduld erinnern
und uns allen ein fröhliches Wiedersehen
bescheren.

Hanns Dieter Hüsch

Vom Jungbleiben und Älterwerden

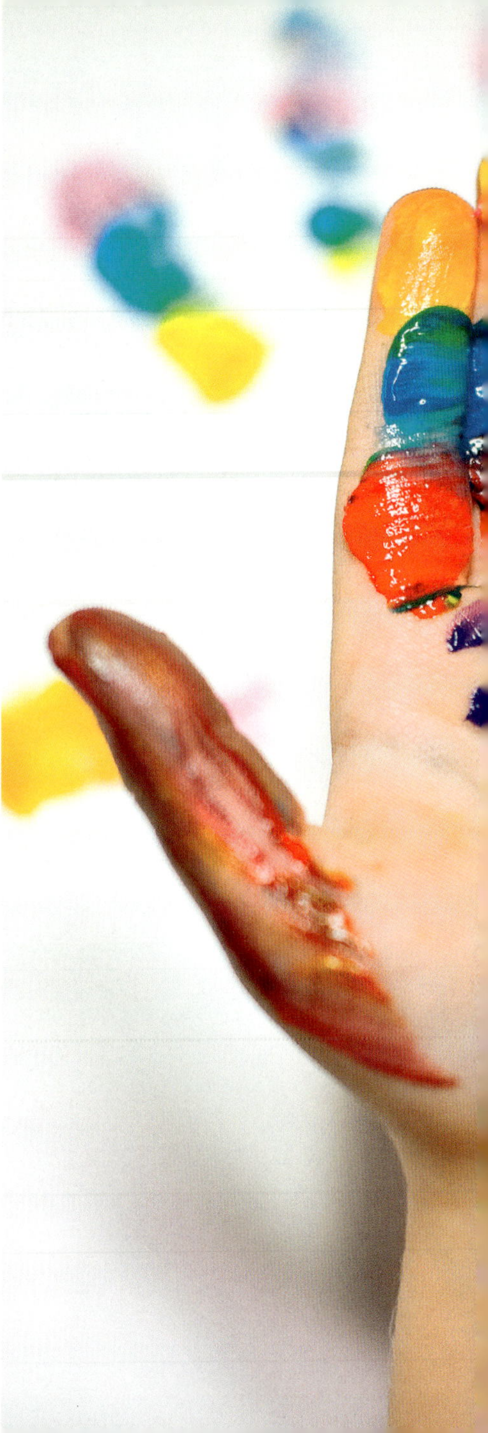

WÜNSCH DIR WAS

Wünsch dir was
sagte die gute Fee

Alt und weise
möchte ich werden
und unerschrocken
Eine eigensinnige Alte
mit silbernen Haaren
ohne Strümpfe
in lila Sandalen
Und Lachfalten
möchte ich haben
Ganz viele

Anne Steinwart

ALTER

Das aber ist des Alters Schöne,
Daß es die Saiten reiner stimmt,
Daß es der Lust die grellen Töne,
Dem Schmerz den herbsten Stachel nimmt.

Ermessen läßt sich und verstehen
Die eig'ne mit der fremden Schuld,
Und wie auch rings die Dinge gehen,
Du lernst dich fassen in Geduld.

Die Ruhe kommt erfüllten Strebens,
Es schwindet des verfehlten Pein-
Und also wird der Rest des Lebens
Ein sanftes Rückerinnern sein.

Ferdinand Ludwig Adam von Saar

Mein sind die Jahre nicht, die mir die Zeit genommen;
mein sind die Jahre nicht, die etwa möchten kommen.
Der Augenblick ist mein, und nehm' ich den in acht,
so ist der mein, der Jahr und Ewigkeit gemacht.

Andreas Gryphius

ZIEMLICH VIEL MUT

Ich finde doch, dass ziemlich viel Mut in der Welt ist,
Wenn man die Tage bedenkt, an denen es gar nicht recht hell wird.
Und die Jahre ganz ohne Hoffnung. Wenn man bedenkt,
Dass es gar niemanden gibt, der nicht seine Sorgen hätte,
Zumindest diese: Kind, was wird dir geschehen?
Und wir wissen doch alle, wie sehr wir misstrauen
Dem Dach über unserem Kopf und der Erde zu unseren Füßen,
Und dass keiner mehr sagen mag: Rose, Schwester und Bruder Tod
und Heimat Ewigkeit

Und doch habe ich heute gesehen, wie einer die Buche
Pflanzte, den dürren Stecken, und sah zu ihr auf,
Als wölbe sich schon über seinem Haupte die Krone.
Den ganzen Tag habe ich Lastwagen fahren sehen
Voll Bretter und Schwellen, voll Balken und roter Ziegel.
Ich sah mein eigenes Gesicht im Spiegel
Als ich fortging, dir zu begegnen.
Wie war es voll Freude.

Marie Luise Kaschnitz

Freunde sind wie Sterne in der Nacht

Freundschaft
ist aus einem Stoff,
der sich mit Händen
nicht fassen lässt.
Dieser Stoff ist unfassbar.
Sein Gewebe ein Geheimnis.
Das schönste und kostbarste
aus der großen Schatztruhe
des Lebens.

Sabine Ulrich

WIE WEIT?

Ich fragte den Wind:
Sag mir
du fliehender Flüchtling,
wie weit ist der Weg
von West nach Ost –
Und der Wind antwortete:
So weit wie der Weg
von Mensch zu Mensch

Anna Skeide

ICH DANKE DIR

für die Perlen der Hoffnung
die Perlen der Zuversicht

meine Verzweiflung
hast du zurecht gerückt
meine Hoffnungslosigkeit
hast du beleuchtet
meine Rebellion
hast du angefeuert

du hast mich getragen
als mir die Kraft ausging
du hast mich gestärkt
als meine Tränen versiegten
du hast mich geliebt
als ich mir selbst nicht traute

dafür danke ich dir

Peter Schiestl

KEINE GROSSEN WORTE

Keine großen Worte,
die dich beschweren,
will ich dir mitgeben
ins Reisegepäck.
Aber mein Dank möge
auf bunten Flügeln
dich begleiten,
wie ein Schmetterling,
der deinen Schritten
voranweht
und deine Hand
von Zeit zu Zeit –
ganz leise nur – berührt.

Isabella Schneider

WERTVOLLE GESCHENKE

du lächelst mich an
und nimmst mich wahr
du nimmst dir zeit
für mich und uns
du interessierst dich ehrlich
für mein ergehen
du lässt dich nicht abschrecken
von meinen fremden seiten
du gibst dir mühe
mich wirklich zu verstehen
du kommst mich besuchen
wenn es mir nicht gut geht
du hältst mit mir aus
was nicht zu ändern ist
du bietest deine hilfe an
wo ich sie brauchen kann
du machst mir im alltag
ganz spontan ein kompliment
du sagst mir zwischendurch
was ich dir bedeute
du machst mich
mit diesen geschenken
unendlich reich und glücklich

Beate Schlumberger

GEGEN ALLE ENTFERNUNGEN

Einen Weg suchen
Zeichen entziffern
Den ersten Schritt tun
Die richtigen Worte finden
Stillsein und lauschen
Berühren was fremd ist
Nähe
versuchen

auch wenn das Herz
ängstlich schlägt

Anne Steinwart

Wünsche für den Weg des Lebens

gott segne dich

als der boden
der dich trägt
was auch geschieht

als das herz
das in dir schlägt
was du auch tust

als der himmel
der dir blüht
im jetzt und hier

Katja Süß

Halte dem Schicksal
die Türe offen
Es klopft nicht an
Es stürmt herein
und zerbricht Tür
und Fensterläden
Sei bereit
und erwidere den Sturm
mit dem Hauch deiner Seele
Sprich dein Gebet
und dann schweige
Überlass dich dem Sturm
Sei ein Baum
oder Gras
auf endloser Steppe

Ju Sobing

wenn am Mittag
das Wunder geschieht
von dem der Morgen
nichts wusste
wenn dein Glaube
den Zweifel besiegt
wahr wird
was du
nicht zu glauben gewagt
wachsen am Ende des Tages
dir Flügel
die dich tragen
ein Stück

Peter Schiestl

Freundschaft
Bogen der Hoffnung
Brücke
die trägt -
Band der Freiheit
ein Lichtpfad
der Weg

Regina Giese

ein Lächeln
wird dir begegnen
eine Hand
dich berühren
ein Strahlen
dich bezaubern
öffne dein Herz
dem neuen Tag
mach dich bereit
für die kleinen Wunder
die er bereit hält
für dich

Peter Schiestl

UNVERHOFFT

Dann
wenn du
am wenigsten daran denkst
lacht dir auf einmal
ein wolkenloser, blauer Himmel
rauscht das Leben
wie eine mächtige, hohe Welle daher,
nimmt dich mit, weit hinaus,
trägt dich zurück
dem sicheren Ufer entgegen
verwandelt sich der Wind
zum mitreißenden Sturm.
Dann,
plötzlich, packt dich
eine solch unbändige Lebensfreude,
dass du dir ganz sicher bist,
auf dem richtigen Weg zu sein.

Carola Merkel

VERZETTELT

Zur Zeit nichts
das mir gehört.
Meine sieben Sachen
verstreut
in alle Richtungen
kann mich nicht finden
bin unterwegs
überall und nirgendwo.
Ich muss mich
kümmern
um mich und
meine sieben Sachen.

Anne Steinwart

Gib uns den Mut, Herr aufzubrechen
und uns auf den Weg zu machen.
Lass uns nicht stehen bleiben,
sondern vorwärts gehen auf dich zu.
Gib uns die Gewissheit,
dass du mit uns gehst
und dass wir niemals allein sind.
Gib uns die Hoffnung,
dass dort, wo unsere Wege enden,
dein Weg weiterführt zum Ziel.

Karl-Heinz Ronecker

AUF GEHT'S!

In Zeiten, in denen du das Gefühl hast
immer nur auf der Stelle zu treten
oder bestenfalls im Kreise zu gehen,
wünsche ich dir für wochentags
ein Phantasiefernrohr mit Zielerkennung,
Siebenmeilenstiefel mit Wunschprofil,
viel Rückenwind zur Unterstützung,
aber ab und zu auch frischen Gegenwind,
der dir klar macht: Es geht voran,
nicht immer schnell und mühelos,
aber immerhin!
Für den Sonntag jedoch
wünsche ich dir vor allem Muße
und so viel Luft unter den Flügeln,
dass du mit wunderbarer Leichtigkeit
die Wegstrecke bestaunen kannst,
die du in dieser Woche geschafft hast!

Angelika Wolff

TEXTNACHWEIS

Christel Anders: S. 33 © bei der Autorin. Adalbert Ludwig Balling: S. 36 © beim Autor. Angelika Büchelin: S. 21 © bei der Autorin. Regina Giese: S. 56 © bei der Autorin. Andreas Gryphius (1616–1664): S. 48 .Frank Hartmann: S. 40 © beim Autor. Gerhard Heilmann: S. 35 © beim Autor. Hanns Dieter Hüsch: S. 45 aus: ders. und Michael Blum, Das kleine Buch vom Segen, Seite 44 2010/2011 © tvd-Verlag Düsseldorf, 1998. Marie-Luise Kaschnitz: S. 49 aus: Werke, Band 5 © Insel Verlag, Frankfurt am Main und Leipzig 1985. Bernd Kebelmann: S. 44 © beim Autor. Hanne Köhler: S. 32f. aus: dies. und Erhard Domay, der gottesdienst, Band 2: Das Abendmahl/Die Kasualien © Gütersloher Verlagshaus, Gütersloh, in der Verlagsgruppe Random House GmbH. Guido Köppel: S. 39 © Hildegard Köppel-Hidber. Oliver Kohler: S. 11 © beim Autor. Carola Merkel: S. 57 © bei der Autorin. Vreni Merz: S. 41 © bei der Autorin. Carola Moosbach: S. 10 © bei der Autorin. Lilly Ronchetti: S. 20 © bei der Autorin. Karl-Heinz Ronecker: S. 58 aus: ders., Neige dein Ohr © Gütersloher Verlagshaus, Gütersloh, in der Verlagsgruppe Random House GmbH. Ferdinand Ludwig Adam von Saar (1833–1906): S. 48. Peter Schiestl: S. 52, 56 © beim Autor. Beate Schlumberger: S. 53 © bei der Autorin. Isabella Schneider: S. 52 © bei der Autorin. Gerhard Schöne: S. 14f. © Buschfunk Musikverlag, Berlin. Georg Schwikart: S. 30 © beim Autor. Anna Skeide: S. 50 © der Übersetzung Gerhard Heilmann. Ju Sobing: S. 54 © bei der Autorin. Christa Spilling-Nöker: S. 13 © bei der Autorin. Anne Steinwart: S. 46, 53, 58 © bei der Autorin. Hanna Strack: S. 18, 32 © bei der Autorin. Katja Süß: S. 25, 27, 40, 54 © bei der Autorin. Ute Sunke: S. 24 © bei der Autorin. Sabine Ulrich: S. 50 © bei der Autorin. Wilhelm Willms: S. 28f. aus: ders., Mitgift* eine Gabe, mitgegeben in die Ehe © Butzon & Bercker GmbH, Kevelaer, 10. Aufl. 1996, S. 48f. Angelika Wolff: S. 22, 37, 59 © bei der Autorin. Jörg Zink: S. 16 © Verlag am Eschbach.

Mit Bildern von darknightsky / Fotolia.com (S. 9), skyla80 / photocase.com (S. 12f u. S. 38, S. 41), chrisdesign / pixelio (S. 17 u. S. 21), Miss X / photocase.com (S. 19), Ivan Chobanov / Fotolia.com (S. 23), Utzel-Butzel / photocase.com (S. 26), soundso. / photocase.com (S. 31 u. S. 33), misterQM / photocase.com (S. 34 u. S. 43), nailiaschwarz / photocase.com (S. 46f), evali / photocase.com (S. 51), complize / photocase.com (S. 55 u. S. 57).